숲

권유영 선지음 김양아 자베르 남효민 이음
서지석 국다현 벼리 현도 소정 한수연
도시 최시원 반윤주 유영 남진실 이규리
정이팝 공민 김이원 강동호 혈앵무 우초원
희 모순 다소 이유경 위휘황 홍여진 이지윤
정승현 김리을 재온 하준 백우미 정성주
박채원 정그믐 영원한여름 모지 최료 이한별
송수연 임서윤 본 일람 흰돌 진연수 이테제

영영 환상방황

2024년 6월

*환상방황 Ringwanderung. 어둠, 천재지변, 피로 등으로 숲이나 들판에서 길을 잃었을 때 같은 장소에서 원을 그리며 제자리를 맴도는 현상.

I

숲 권유영	13
풋내 선지음	14
숲이 되는 일 김양아	16
장래 희망 자베르	18
숲으로 일행시 해볼게요 남효민	20
초록 레몬 이음	21
유월 서지석	22
토도 국다현	24
춤 벼리	26
이 별 현	28
짙은 당신께 도	30
세시에는 숲으로 갈게요 소정	32
숨과 삶으로 숲을 꾸려요 한수연	34
마음 도시	36
숲의 재즈 최시원	38
외글자의 아름다움 반윤주	40
원원나인 나인 인 유영	43

여름 그림자 남진실　　　　　　　　　　46

실향 이규리　　　　　　　　　　　　48

林林世界 정이팝　　　　　　　　　　50

◁◁ 공민　　　　　　　　　　　　　52

녹색의 규칙 김이원　　　　　　　　　54

깨끗이 강동호　　　　　　　　　　　56

II

파도에게 혈앵무　　　　　　　　　　59

우리, 나무가 되자 우초원　　　　　　60

영록림永綠林 희　　　　　　　　　　62

숲의 망령 모순　　　　　　　　　　　63

그 애는 숲을 알지 못해 바다에서 죽었다 다소　64

숲 이유경　　　　　　　　　　　　　66

초록의 비밀공원 위휘황　　　　　　　68

에덴메이트 홍여진　　　　　　　　　70

숲의 눈 이지윤 72

열매는 배꼽에 정승현 74

우리의 숲 김리을 77

포레스트 샤워 재온 78

침수는 침엽수림의 줄임말 하준 80

마저 말하자면 백우미 82

너의 풍경화 박채원 84

서울, 숲 송수연 85

300년 후에 다시 만나 정그믐 86

숲으로 가자는 건 좋아한다는 뜻 모지 88

내 사랑은 영원한여름 90

수지살몬 최료 92

우리를 우리의 숲으로 이한별 94

매그놀리아 정성주 97

위그드라실 임서윤 98

화양연화 본 100

자작나무 숲 일람 102

아직은 작은 숲이지만 흰돌 　　　　　　　　　104

풋숲 진연수 　　　　　　　　　　　　　106

낭만사랑북극키스 이테제 　　　　　　　108

　　　　　　　　　　　　　　　　　110

○ 작가명은 작품 첫 장의 쪽 번호 옆에 표기하였습니다.

I

숲

꼭대기에서 나부끼는 천진한 이파리들
시선을 움직이면

그들을 받쳐주는 늠름한 줄기와
가장 아래 겸손하게 자리 잡은 드넓은 땅

괴로우나 즐거우나
그 앞을 찾아가 쏟아낸다
아무도 없지만
분명히 모두가 듣고 있다지

저마다의 거리를 두고
혼자 힘으로 서 있지만
뒤엉킨 발톱으로 의지하는 뿌리들

숲이라는 음절 하나에 담긴 삶

풋내

숲

글자가 꼭
웃음을
간신히 참고 있는 것 같지

칠월이 온통 숲이 되면
괜히 옆구리를 간질였던
우리

세상은
높아지는 게 아니라
넓어지는 거라 믿었던
우리

풋내 나는 문장을
그림자처럼 늘어놓고

틀린 글자도
그대로 내버려두자

풀죽은 볕에도
미간을 찡그리던
아둔한 웃음의 교환

머지않은 날

한 뼘짜리 세상과
네 투명한 발등이
천천히 곪아 가면

나는 엎드려 누워
그 위에 입을 맞추고

우리 참았던 웃음을
터트리며 스러지자

몸에 익은 고백은
나풀거리는 바람에도

아주
선명하게

숲이 되는 일

조심해, 여긴 숲이야
모든 감각을 쫑긋 세워야 해
동화와 미로가 잠복해 있는 미지의 세계
그 두꺼운 책을 열고 들어서는 건
꽤 낯선 일이야

이끌리듯 들어섰지만
호기심과 두려움이 앞설 테지
그 안에 무엇을 품고 있고
또 무엇이 숨어 있는지 모르니까
발을 들이미는 순간, 내뿜는
짙은 숨결에 사로잡힐 수도 있어

열려있지만 닫힌 공간, 그곳에
스며든 모든 그림자와 영혼까지
한데 어우러져 거대한 하나가 되는 거지

숲은 어디에나 있어
단어 끝에 붙인 숲 그 한 글자로
거긴 이미 무성해져

모여 있는 건 숲이라 부르잖아
어디든 깃들어봐 어느새 넓고 깊어진
나 자신을 만나게 될 테니까

장래 희망

여섯 평 작은 오피스텔 창가에
위태롭게 서 있는 금전수 화분
완전히 시든 잎 사이로 나온 새 줄기
간신히 줄기 하나에 잎사귀 두 개

침대에 누워 멍하니 한동안 바라보니
서서히 입을 열기 시작하는 잎사귀

아직 안 죽었어
섣부른 판단하지 말어
네 멋대로 화분을 분리수거할 생각은 말어

너도 사실 화분만한 집에 심겨져 있으면서
그렇게 촉박하게 굴지 말어

주눅들지 않은 짙은 녹색으로
햇빛을 채 가려고 야무지게 펼친 잎사귀

다시 그가 나에게 말을 건다
조금 수다스러운 금전수였네 세상에나
잎이 내게 말을 거는 일은 흔치 않으니까

내 귀도 잎사귀처럼 기울여본다

난 아직 꿈이 있어
내 장래 희망은 커다란 숲이 되는 일이야
(금전수가 부장님처럼 말하네…)

뿌리를 저 깊은 지하수까지 뻗치고 강기슭까지 나아가는 일을
줄기와 잎사귀를 펼칠 대로 펼쳐 거대한 그늘을 만들고
그 아래에서 온갖 풀과 이끼 버섯을 기르는 꿈

이 정도 포부는 있어야지
그러니 너도 숲이 되는 꿈을 꾸렴
너무 더워하는 이들을 생각하며 깊이 숲 꿈을 꾸도록 해

화분에 심긴 금전수가 침대에 심긴 사람에게
장래와 희망 비전과 가르침 포부 등을 설파하는
아직은 햇살이 안온한 어느 토요일 오후의 창가

나는 눈치껏 금전수에게 물 한 잔을 가득 따라 올린다
한잔하시죠 부장님

숲으로 일행시 해볼게요

숲에서 꾸는 꿈은 뭔가 다른가 오랫동안 깨지 않는 잠이야
으깨진 흙에도 굵직한 나무가 힘껏 서 있습니다
로망과 희망은 같은 망 자를 쓰는 줄 알았어
일찍 핀 이파리는 햇빛도 일찍 먹고, 너는 내 최초의 광합성 이런 오글대는 말을 들을 로망
행진하는 나무들의 맨 뒷줄에 합류할 희망
시작하는 이의 숲은 울림으로 가득 차 있었어요 울림과 울창은 같은 울 자를 쓸 거야
해가 지기 전에 집으로 돌아가자
볼품없는 모험은 숲에게만 보여줘야 하니까
게 아무도 없느냐는 말에 대답이 없어야 안심
요즘 꾸는 꿈은 나무 한 그루를 믿어보는 꿈

초록 레몬

레몬 한 입 베어 문 것 같은 날이 있다고 생각해
떫고 시고 따갑고 쓸쓸한,

정신 못 차릴 정도로 얼얼하다가 서서히 잦아드는
초록은 빛과 만나 레몬 조각으로 갈라지는데
이파리 사이로 내려앉은 과즙이 빗방울처럼 튀어 오른다

침 고였던 사랑이 끝나면 우선 조금 걸어야 하고,

달 표면을 그라인더로 갈면
새콤한 레몬 껍질이 떨어진다
주운 건 죄다 식고 메마른 것뿐이야
이제 숲더미 같은 나날이 펼쳐지리란 걸 깨달아야 하지

발끝에 간지러운 연초록 새순이 돋아나고
레몬이 갸우뚱 기우는 사이 내가 몰래 먹은 반 조각

반달은 빈자리를 쓰다듬으며 밤새 무얼 기다리고 있을까

나는 레몬 반쪽을 오물거리며
참을 수 없이 짙은 잔상 초입으로 가버려야 하네

유월

초록 물감을 한 해 동안 가득 모았어
끈적한 땀이 흐르는 유월
물감을 온통 부어버렸지
끈적하게 벽을 타고
내려오는 푸름
초록으로 덮힌 방은 더 이상 좁지 않아
한계가 없는 숲이야

락 사운드가 필요해 오아시스를 찾았지
꾹 꾹 눌러쓴 획 들은 기다리고 있어
폭죽과 함께 만개할 거야 이제 곧 너희가 나를,

도박과 글쓰기의 공통점을 아니?
둘 다 끊으려면 손목을 잘라야 하지.

폭죽이 터져 팡! 팡!
원더월*과 함께
연약한 획들은 아름답게 만개해 붉은 꽃을 피우고
끈적한 땀이 흐르는 유월
여기서 너희를 만나러 갈 거야

*오아시스의 노래, 원더월의 뜻을 묻는 인터뷰에서 오아시스의 리더, 노엘 갤러거는 "무슨 상관이야, 멋있으면 그만이지." 라고 말했다. 통상적으로 '구원'으로 해석된다.

토도

토도, 이건 놀이가 아니야

숲으로 사라진 아이들은
온몸이 땀에 젖은 줄도 모르지

멀리서 번져오는 웃음소리
토도는 술래를 피해 달린다

깊은 곳엔 더 깊은 곳이 있으니까
우리는 서로의 손을 잡고
전보다 어두운 곳으로 향한다

껌처럼 씹으면 부풀어 오르는 풍경
늘어나는 술래 중 다음 술래는 누구?

너무 웃어버린 다음엔 배가 아프고
이제는 장소를 옮겨야 할 때다
끝나지 않는 숨바꼭질을 끝내는 방법은
술래가 사라지면 된다

토도의 팔이 자꾸만 길어지는 숲속에서
토도는 순환한다

잠시만 눈을 꼭 감아봐 머리카락 보일라
오래 달릴수록 무릎은 굳어가는데
서로를 구분할 줄 몰라서 찾아오는 밤
저기에 토도가 있어

아니야

저기 멀리
달아나는 내가 있다

춤

너는 나와 춤을 춰 줄 거지?
함께 이상한 춤을 춰 줄 거야
물음표를 가득 던져대어도 대답이 돌아오지 않지만
사랑해

네 품은 늘 안온하니까
풀이 사그락거리는 소리에서는
정성이 드러난다는 걸 나는 알지

봐
정성이 드러나는 세계를
!

우리는 사랑할 줄 아는 재능을 가져서
나는 눈물을 한 양동이씩이나 퍼 올릴 수 있고
너는 그걸 다듬을 줄 알지

어쩌면 내 눈물로 작은 꽃을 피울 수 있을지 몰라
나는 간절해지고

바람 소리로 노래를 들려준다면
다시 춤을 추고
춤을 춰

이 별

바다가 지구의 보석함이듯
나무가 하늘의 안식처라면

아직은 우리가 멀어질 때가 아닌 듯이
뜨개질하듯 촘촘히 얽매인 가지 사이로 햇살이 잔뜩 범람하고 잎새에 마구 뒤덮인 하늘의 색이 간절해 따뜻이 덥혀진 돌 위로 살며시 몸을 누이지 그러면 우리는 꿈을 꿀 거야 지나치게 높은 열기가 머무르지 않은 우리의 이별로 가는 꿈을⋯.

아직은
우리가 멀어질 때가 아닌 듯이

그러나 함부로 베어지는 나무들과
터전을 잃은 몇몇 숨에게는
이 별과의
이별을 고하며

여태 너무나도 안일한 우리는
여태 이 별에 머무르는 상상만

또한 숨이 막혀오는 열기에
다만 버텨내지 못하게 되고
잘린 목마냥 널브러진 가지
가만히 눈을 감기며

애써 모른 척 지나치면
여전히 이기적인 우리와
여전히 이타적인 너희가
영원히 이 별에 남아

바다가 지구의 보석함이듯
나무가 하늘의 안식처라면
우리는 보석도 안식도 모두 잃은 채로,

짙은 당신께

부르려다 보면 혀끝에서 잔잔히 이랑지는
우거진 계절 있다

폭설처럼 내리는 초록의 무성함

잎사귀는 하얀 거품
푸르른 울음
하나의 풍경, 포개어진다

기다림과 온점은 아마
여전히 그리고 꾸준히 초면일 것

그곳을 유영하는 나는
철 지난 오뉴월
부서지는 햇살

그러므로 우리 교차점은 푸른색

미아가 된 햇살의 마음은 아마
빈틈없이 방황할 테지

이 길의 끝을 당신은 아십니까

세 시에는 숲으로 갈게요

가끔 숨이 막히면 물구나무를 선다
팔이 머리 너머로 삼각형이 되도록
뭐라도 받들 수 있게
파르르한 떨림을 눈치챌 수 없게

눈을 감으면 휙 바람 소리를 듣고 흙을 밟는다
깊은숨을 쉬어 다시 살아 낼 수 있도록
침엽수 사이로 가까이 가는 중이다

이불을 정리할 때는 이따금 숨을 참는다
숲에서 따라온 저편의 흰색 깃털들이
사이사이 스며 오늘 밤 날 간질이지 못하게

깃털이 분리되어 공기 중에 분해되는 동안
눈을 반쯤이 뜨지 않는다 멀어지는 중이다
멀리 날려 보내는 중

물을 틀어 놓는다
물가에는 언제나 생명이 기웃거린다 들었다

나도 물을 받자
얼굴에서 물이 마를 때까지만 기다릴까
누가 모여들고 천천히 경계를 늦출 때까지만

숨을 참는다 일 초씩 더
한 방울을 더 기다려도 샘이 될 수 없으니
이슬이라도 되어보자

그러다 왔던 길을 찾을 수 없을 때가 온다면
희미한 잔상으로 숲의 길을 외어야지
희박한 공기로 팔다리가 움직일 수만 있다면

심장보다 높은 곳에 두고 피가 돌게 한다
그곳에 가까워지지 않도록
더는 길을 잃지 않고
그래서 가쁜 숨을 그만둘 수 있도록

숨과 삶으로 숲을 꾸려요

이곳은 안전해요 무엇을 두고 가도
두고 간 무엇이 거름이 걸음이
어느 쪽으로 무성할지 알 수 없지만

이곳은 아니에요, 괜찮아요
무엇이 무엇이든
비우려고 와서 마음째 유기하는
사람들이 있어요

단단한 나무 사이 자리할 때는
이만큼이나 쌓인 줄 모르던 전부를 구토하고
마음은 실밥이 뜯긴 방석처럼 숨을 뿜어대고
나는 이탈한 솜과 질주하는 실을 주워다가 꿰매요

숲이라는 글자는 못 같기도 우산 같기도 해서
찾는 사람들에게 나를
유지할 수 없고 모양과 표정과 말투와 자세를
박고 뽑고 펴고 적시고 말리고 접고

아득한 호흡을 나누어드리려면 나는
더 울창하게 꿰매져야 하겠지만요

다시 찾아주세요
무엇이든 들고서 무엇이든 듣는 이곳을

영영   푸르게
유기된   미움들로   단단하게
마음을   안아드릴게요

마음

숲은 무엇을 안고 있을까

우리가 안고 있는 것들을 감히 놓아줄 수 있을까 우리는 그렇게 모든 것을 내려놓을 수 있을까 하는 말들을 하며 걷고 또 걷는다 이 길은 어디로 이어져 있어? 그건 아무도 몰라 이 길을 다 걸으면 우리는 마침내 비어서 흩어질 수 있을까? 그건 아무도 몰라 길의 끝에서 마음이 씨앗처럼 흩뿌려진다면 좋을 텐데

숲이 안고 있는 것은 유한한 것일까 무한한 것일까

우리는 유한한 것을 얻고 있는 것일까 무한한 것을 얻고 있는 것일까 하는 말들을 하며 그루터기에 앉아 있다 우리는 보이지 않는 것까지 가지려고 하잖아 가령 마음 같은 것들까지 마음은 눈에 보이는 걸 마음이 틔운 싹은 새파랗게 올라와서 붉은 꽃을 피우지

숲은 무엇을 담고 있을까

우리의 감정은 무엇으로부터 채워지는 것일까 하는 말들을 하며 떨어지는 나뭇잎을 바라보았다 감정의 기원은 씨앗이야 씨앗을 심지 않았는데 씨앗은 바람으로부터 오니까 감정이 져서 씨앗을 만들면 또 다른 감정이 심어져 싹을 틔우지

숲은 가득 찬 마음

숲의 재즈

숲 하나를 통째로 레코드판 위에 심었다
키 작은 나무 키 큰 나무 원판을 따라 빼곡하다
선선한 바람이 그 위를 훅 스친다
둥글게 선 나무들의 들쑥날쑥한 키를 읽어내면
잎사귀 나부끼는 소리, 들려?
초록색 재즈

재즈가 멈추지 않으려면 같은 속도로 바람이 불어야 해
변덕스러운 날씨의 하루에도 낮과 밤은 단 한 번 주어지고
여름이 지나면 가을, 가을을 잇는 것은 겨울,
겨울을 물리치는 것은 봄, 봄을 딛고 일어서는 것은?
내가 답을 아는 그 이유는
계절이 계절을 끌어안고 둥글게 춤을 춘다
빙글빙글 돌아가는 레코드판 위에서
식물의 생장에는 규칙이 있어, 보여?
풀빛 왈츠

템포에 맞춰 춤을 추자
키 큰 사람 키 작은 사람 너 나 할 것 없이

규칙적으로 부는 바람이 읽어내는
가장 자유로운 소리에 집중해
숲은 나의 뮤즈
들려온다 숲의 재즈

외글자의 아름다움

 피부에 닿는 따사로움이 자신의 존재를 알리고 있다 시간이 지난 뒤 남는 주근깨와 그을린 피부는 따사로움의 흔적일 것이다

 디귿자 모양의 아파트 발코니를 통해 소리가 집 안으로 들어온다 어딘가에서 들려오는 티스푼이 컵에 부딪히는 경쾌한 소리에 마음이 간지러워 나른하고 뜨거운 커피를 타는 소리라고 함부로 짐작한다

 낮의 발코니를 통해서는 항상 무언가를 듣는 옆집의 음악이 침입해 온다 저 집의 빨래들은 항상 저런 음악을 듣고 젖었다가 말랐다가, 또 세상을 구경하다가 다시 세탁기 안에서 뱅글뱅글 돌겠지

―그리고 또다시 건조대에 몸을 축 늘어뜨리고 음악을 듣겠지

 세 동으로 이루어진 디귿의 아파트 가운데에는 커다란 세 그루의 나무가 살고 있다
 나무는 꼭 지구가 태어났을 때부터 이 자리에 있던 것만 같아

모든 집에서 나무를 볼 수 있도록 이 아파트를 지었다고 함부로 상상해 본다

　나무 세 그루가 전부 보이는 발코니에서 따사로움이 가실 때까지 시와, 새와, 책을 구경하다
　밖에서 들리는 새소리, 나에게서 뿜어 나오는 숨소리, 옆집의 라디오 소리를 귓등으로 흘리다 보면 밤이 온다

　밤이 찾아오면 또 외글자의 아름다움이 찾아온다. 시와 별과 달, 시들어가는 꽃, 향, 저 멀리 성당 꼭대기를 비추는 빛, 방을 겨우 밝히는 누런 빛, 결국은 삶, 모든 아름다움의 끝에는 잠

　그리고 내가 살아있음을 알리는 나의 몸

　따사로움이 따가움으로 변할 때와 따사로움이 땅 아래로 꺼졌을 때의 모든 아름다움을 감각하게 하는 몸, 몸의 일부 손, 그 손으로 만들어내는 시와 그림, 외자의 아름다움을 목도하는 나의 눈

이 모든 것을 대나무숲이 된 저 세 그루의 나무가 보고 있다
 한 사람이 누군가에겐 세상의 전부가 될 수도 있는데
 나무 세 그루가 숲이 되는 것이 그렇게 이상한 일은 아닐 것이다

원원나인 나인 인

메아리
미로

갇혀서 빠져나오지 못한 말들
마음속엔 숲이 있어
말들을 가둬두는 숲이
나올 수 없거든
미로에 가둬졌어
그늘을 드리우는 숲이
저녁 빛을 어둡게 삼키고
내 안에 들어앉아
아파
아파
외쳐도 거기까지 닿기엔 너무 긴 미로를 헤쳐야 하는 걸

못가요 못가요
갇혔거든요 갇혔거든요
나만이 계속 끊임없이 연하게 이어지듯이

마이크는 제 소리가 다시 들어오면

삐이익
저항하던데요 하던데요
하지만 나는 숲에 갇혔어요
아침의 안개에
나는 저녁이 좋은데 좋은데

네 일일구 긴급 구조대입니다 말씀하세요

아 제가요 가요

갇혔어요 혔어요 어요

신고자 분? 말씀하세요

갇혔다니까요 다니까요 니까요 까요

말씀하지 못하는 상황이라면 두 번 톡톡 소리를 내주세요

말을 못 하는 게 아니고요 니고요 고요

이러시면 끊을 수밖에 없어요 신고자 분 괜찮으시겠어요?

아니요 니요 요

끊겠습니다 심각한 상황이라면 같은 번호로 한 번 더 전화를 걸어주십시오

잠시만요 시만요 만요

흐려지고
결국
침묵하는

여름 그림자

나를 만지는 잎사귀
그림자는 영문을 모르고
그거 나 아니야

고개를 들면
감기는 눈
만지지 말라고 했잖아

키는 자꾸만 크는 데도
바닥으로 딱 붙어버려
그림자는 영문을 모르고

초록색입니다
바람에게 이야기해도
그림자는 까맣게
그거 진짜 나 아니야

듣고 싶은 말을 하고 싶은 말처럼 꺼내면서
그림자는 땅 위로 무언갈 심는다
여름의 그림자는 두터워지고

밤낮에 기대어 흐르는 세계에

또 한 겹 영혼을 덧댄다

이 아래 뿌리가 박힌 것이 내가 아닐까 하고

실향

숲으로 숨어듭니다
거기선 누구나
비밀이 되고 전설이 되고 숲 일부가 되어
소문이 된다지요

사람들이 있는 곳으로 돌아가지 않겠어요
서로 간의 거리를 지킬 줄 아는
나무들과 있겠어요
남들과는 있고 싶지 않아요
그리고 그들에게 잊혀 전설이 되겠어요
소문이 되겠어요 불분명한 사실이 되겠어요
숲에 숨어 그저
그저 나무들 사이에서 나는.

산과 숲과 습기 사이에서
숨고, 숙이고 눈을 감고
나는

나는 압니다
숲으로 가도 전설이 되지 못할 겁니다

소문은 바람에 손쉽게 사라질 거고
사실은…

그리고 나무들, 나무들은
포옹이 숨 막힌 것만이 아니라 따뜻한 건 줄도 모르는데
사람인 제가 숲에서 나무처럼 살 순 없죠
남들처럼 살아야겠죠, 남들처럼

그래도
숨 쉬는 이야기로 걸어 다니는 게
숨 막힐 때가 있기에 나는

뿌리가 없어 영원히 떠도는 사람
숲과 숲을 전전하며
남들에게서 도망치고
나무들 사이에서 외로워합니다

林林世界

가로수는 초록에 몰두하는 중이다.
몰두한다는 건,
한 자리에 서서 몸집을 키우는 일.

언제 잘렸는지 모를
가지를 보느라 낯을 지우는 일.

묵묵함은 아무래도 직립과 어울린다.
어딘가 진중해 보이는 착각까지 들어.

버릴 수 있는 기분이었다면,
조금은 슬픔을 덜 수 있을 텐데.

거기 너, 림림.

아무도 모르지.
뚝심 있게 하루를 헤매는 그림자에
그럴싸한 이름을 붙여주는 놀이.

아래로 아래로 기어가자.
올려다보면 하늘이었듯이.

아래에서 아래에서 시작하자.
얄팍한 마음이 생존했듯이.

보이는 것보다 더 깊은 바닥에서
돌연 우두커니 서서
최초의 나무처럼.

거기 서, 림림.

◁◁

가야 할 길이 있어
토닥토닥
쏟아지는 비가 나무들을 북돋기 전에

숲의 끝에 도달하려는 사람처럼
그게 바로 숲인 것처럼
뛰고 또 달렸지

달림이 긴긴 매달림
재생이 한없는 역재생 같던
여기부터 그곳까지의 시간

그때마다 너의 조악한 손을 잡았어
그럼, 그곳이 숲의 껍질이 되었고
초록빛 비 냄새가 났지

어둠이 조금 이긴 명암
낮은 조도의 오롯함
이건 여름날의 이야기
녹음의 비밀

찾아온 고요의 요동
이곳의 젖은 들숨이 되고 싶어

녹색의 규칙

 숲이 나무를 감싸고 있을까요 나무가 땅을 안아 숲이 되었을까요
 잎이 떨어져 가을임을 깨달았나요 가을이 되어 낙엽이 쌓였나요
 들숨과 날숨으로 찬 방이 삶을 허전하게 만들었나요 나는 살아있기에 허전한가요

 파란 바닷물과 노란 흙 한 줌 섞는다고 싹이 트나요
 녹색에는 규칙이 없어요

 활자뿐인 이름 손톱 뜯는 습관 늘어난 허리띠 침자국 남은 베개 무테안경 한 짝뿐인 무선 이어폰 중고 시집 전부 이 세상 최초의 색이 되어요

 잘못을 눈감아주기로 한 약속은 영원한 녹색이 거짓말이라는 증거예요 잿더미가 되어버린 계절에도 나는 다시 녹색으로 불리어 무성해져요

 그을림이 흩어진 뒤 사라지지 못해 드러난 마음을 숲이라 부르기로 한다면 나는 진심만 숨기지 못해 숲이 되었을까요 숲이 되기 위해 진심을 다 했을까요

녹색은 말없이 선명해요

깨끗이

하얀 껌을 불어 먹다가 검은 숲으로 들어갔지
입안에서 껌을 빼는 일은 시간 낭비였고
나는 진지했다

부풀어 오르는 껌으로 인해 입을 벌리거나 다물게 되는 일과는 완전히 상관없이
 손가락에 껌을 감아 행운을 비는 일 따위는 하지 않았다

껌을 버리는 사람을 보았는데 정말 이상해 보였다
어떤 땅은 이미 떼어낼 수 없는 껌이었고
껌을 밟으며 즐거운 사람들이 조금 무서웠다

경적 소리가 따라다닌다
하얀 껌을 물고 있는 내 뒤로

숲이 어디에서 끝나는지 모르는 채
나는 필사적으로 뛰어다닌다
어떤 껌이 달라붙었는지 모르는 채

텅 빈 숲의 중심으로 들어가는 꿈이었다
깨어나 보니 입안이 청결했다

II

파도에게

 발 달린 물고기입니다. 파도에게 같이 있자 하고 싶은데 우리 쓰는 바닷말이 모자라 곤란합니다. 그래서 어디 뭍에 사는 사랑 말씨가 그렇게 예쁘다길래 숲으로 왔습니다. 흙 밟을 적 생기는 우물과 나무 잇새 휘파람, 꽃과 먼지의 냄새, 벌레 속삭임부터 안개까지 전부 바다 것들과 달라 열심히 줍습니다. 생소하고 아름다운 것투성이라 잠시 가려던 길 잊습니다. 그래도 멈추지는 않습니다. 바람이랄게 불어오면 밑바닥 풀들이 기우뚱, 하며 접혔다가 일어났다가 일렁이는데, 이게 꼭 파도 당신이랑 모양새가 비슷해서 이 이야기를 서둘러 해주고 싶습니다. 그러니 멈추지는 않습니다. 오래간만에 발을 쓰니 힘들기는 합니다. 참 고생스럽습니다. 덜컥 넘어지고 울컥 아픕니다. 불쑥 뒤돌아보면 불현듯 돌아가지 못할까 봐 불안합니다. 그래도 숲의 모양새로 사랑해, 사랑해, 사랑해. 이곳의 발음을 닮을 수 있도록 꾸준히 연습합니다. 나중에 바다 가면 우리는 수면 위에서 최초로 물 없는 사랑을 말하게 되겠지요. 그러니 파도야, 조금만 더 기다려 줄래요. 많은 걸 배우느라 버겁지만 최선을 다하고 있으니까요. 그때 가면 파도야, 당신도 비슷하게 사랑해, 해주세요. 이렇게 발음합니다. 사랑, 해. 사랑해.

우리, 나무가 되자

우리 꼭 끌어안고 누워있다가 문득 이런 대화를 나눴지

우리 이렇게 안은 그대로 나무가 되고 싶다.
나도.
우리가 나무가 된다면 무슨 나무가 될까?

우린 그날부터 우리가 될 나무를 찾기 시작했어
버드나무? 서어나무?
무슨 나무일지는 모르겠어
몸통이 너무 두껍진 않을 것 같아
그렇다고 너무 얇지도 않을 테지
곧게 뻗은 나무일까? 형체 모를 뒤틀린 나무일 수도 있어
확실한 건 그 나무는 아주아주
깊은 고동색이고 주름이 많이 져 있을 거야

나무들이 너무 가까이 있으면
서로가 서로의 그늘이 되어
잘 자라지 못한다잖아
그럼 처음부터 같은 나무이면 어떨까?
하나의 몸통 안에 우리가 끌어안고
엉켜 그대로 시간이 멈추어버린 거야

근데 그게 가능해?
우린 애초에 다른 곳에서 왔잖아
우린 다르고 같잖아

그 나무는 그렇게 속에 두 가지
빛과 어둠을 생생함과 허무를 끌어안고
오래오래 살아갈 수 있을까
확신할 수 있는 것은 없지만 확신 못 할 것도 없지
나무는 어렸다가, 단단해지고, 가지가 부서지고,
그렇게 자라고, 깊은 뿌리를 내리고,
짙은 농도의 빛깔을 띠고,
그러다 나무꾼에게 베여버릴지도 모르지만

이 모든 것을 안아줄 드넓은 숲이 있었다
우리 광활하고 안온한 푸른 숲속에서
끌어안은 채 편백의 향을 마지막으로 깊이 들이마시며
끝내 숨을 멈추고 나무가 되자

영록림永綠林

 나는 여름을 외치지 않을 수 없다. 초록빛에 눈이 멀고 매미 소리에 귀가 멀어도 어느새 평소보다 따듯해진 손가락이 내 손 등을 톡톡하고 건들 때면 참았던 숨을 내뱉듯이 여름을 뱉는다. 그때는 그 여름 숲이 우리 것 같았는데, 그게 내 청춘인 줄 알았는데. 내 눈이 모두 캠코더 같았고, 가끔은 한여름 햇빛에 필름이 망가지기도 했는데. 나는 겨울이 되어 앙상해진 가지 속에서도 속절없이 여름 내음을 맡는다. 모든 색이 뺏기고 아무도 소리 내지 않는 숲에서 나는 네 빨개진 손끝에도 참을 수 없는 여름을 뱉는다. 나는 이제 그 숲의 여름을 가득 채웠던 초록빛이 우리의 춤으로 만든 게 아니란 것을 안다. 그러니까 내 시야와, 캠코더와, 망가진 필름과, 여름과, 청춘을 터질 듯이 채웠던 그 부피가 나와 비슷한 형상을 가진 그 작은 무언가뿐이었다는 것을 안다. 이제는 나를 건드는 손가락이 여름만큼의 무게를 가지는 것만 같다. 아니 청춘, 아니 젊음, 아니 그것도 아니고 사랑. 나는 나의 숲을 채우는 게 무엇인지를 알게 된 죄로 평생 나를 짓누르는 부피와 무게를 견뎌야겠지만.

 아, 나의 숲은 겨울에도 영영 푸르다.

숲의 망령

여름의 시작을 알리는 곳은 시리도록 푸르고 맑으려나
네가 지은 그 계절은 진득하고 탁하기만 하던데

하얀 사슴이 산다는 숲엔 갈맷빛 이끼만 가득하고 덕분에 길 잃은 기도를 했다 앙상한 나무의 옅은 숨을 쥐고 작은 호수를 제단 삼아
지독한 열병의 이름을 잊게 해주시렵니까

이 숲에 백 송이는 넘게 있을 작고 여린 들꽃에 너의 이름을 붙였다 귀한 것에 너를 투영하면 다음 세상에서 만날 수 없을지도 모르잖아
우리에게 남는 것은 서로의 문호文豪가 전부겠지만

응,
사랑에는 재정의가 필요하다
종말이 온다는 언어로

그 애는 숲을 알지 못해 바다에서 죽었다

평생 바다를 사랑하자 눈 맞추며 나눈 대화
다짐하지 않아도 줄곧 사랑한 것 있음을

새벽 까마득한 검은 파도 보며 떠올린 고요
사실 정말로 침묵한 것은 따로 있음을

시원하게 트인 좁은 시야 속 수평선은 연한 우울과 요동
그 사이의 무언가를 안겨준다는 것을

사방이 나무 기둥으로 막힌 유리창 가득 찬 짙푸른 초록
파랑이 아닌 색은 무엇을 보게 해 주는지

그 애는 모른다

사랑만이 우리를 숨 쉬게 하는 것이 아님에도
사랑만을 좇은 우매한 우리의 말로
아가미 뻐끔거리지 못하는
침몰당한 우스운 죽음

구원은 식상하지
안식은 조금 두렵고

고인의 죽음을 애도하며
저 바다 너머 피톤치드 향기가 흐른다

숲

집에 돌아가는 길에 머리 위로 비행기 지나가는 걸 봤어
하늘을 알게 되면 우리가 날 수 있을지도 모른다는 말 기억나?

미지를 궁금해하던 너는 결국 숲으로 갔고
네가 떠난 날 뒷마당에 있는 풀 한 움큼 집 안에 들였다
아침이 되면 잎을 닦아주고 힘을 주다 끊어지면
잠시 고민하다 흙에 꽂곤 했다

밤마다 창을 통과한 시린 공기가 어둠을 흩트리는 것을 보면서
나무가 된 너를 끌어안는 상상을 한다

남몰래 뿌리처럼 손을 잡고
맨발로 흙의 감촉을 알아간다면

숲을 뚫고 내려앉는 빛의 찬란함과 그늘의 서늘함을
재잘거리는 눈을 다시 보게 된다면
그땐 구름을 잘라내며 가는 기장의 마음을 헤아릴 수 있을까?

바람이 불지 않는 방에서는 들풀이 시들기만 해서
가장 선명한 풀을 고르는 일이 잦아졌다

만약 네가 정말 나무가 되었다면
가장 크고 단단하길 바랐다

멀리서 보며 남산인가 싶고

오늘은 안개초를 사서 뒷마당에 심을 거야
빛이 가득한 네 방을 향해 만개하도록 두어야지
눈부시게 하얀 잎들이 가득 메워지기를 기다려야지

손톱만 한 꽃잎을 문지르면서

초록의 비밀공원

이 숲엔 내가 모르는 비밀이 있을 거야
처음 발견한 순간부터 설레고 있거든
바삭, 어쩌면 내가 이곳에 온 적 있던 게 아닐까
이 길을 따라 걸으면 된다고 발걸음이 이야기해

청록의 사슴이 내 어깨를 톡톡 두드리네
같이 놀자고 하는데
잠깐만 나 한 바퀴만 돌고 올 게

바삭, 이 순간을 다 들이마시고 싶어져
그런 순간을, 찰나를, 메론소다를
그래 맞아 생각난 거 같아
저 벤치에 있었어
파랑과 노랑의 중간 어딘가에서 너랑

이 숲엔 우리만 아는 비밀이 있어
한 바퀴 돌고 온 이 순간에도 두근거리고 있거든
어쩌면 눈부신 색은 하늘이 아니라 초록이 아닐까
청록의 친구야 우리 함께 걷자, 바사삭

오른손 셔츠 소매엔 어떤 색이 물들어 있어
초록빛을 왜 푸르다고 할까 풀색이라서일까
왼손엔 하고 싶은 말을 뽑아 적었어
함께 걸을 땐 여러 가지 생각이 한 번에 들거든
인형을 들어 배를 꾸욱 누르고
하고 싶은 말을 담아서

우연히라도 이렇게 이곳에 다시 오자

에덴메이트

우린 젖은 머리로 사랑에 빠졌고
이곳은 상식이 통하지 않는 에덴

푸른 소나기 자국과 밟히는 낙엽 소리
민들레 꽃다발과 귀를 펼친 겨울나무

우린 같은 곳에 닻을 내리고
같은 초록을 퍼 담아내고
함께 백과사전을 써 내려가

배를 두들기며 사계절을 따먹다
그림자가 드리우면 용서의 편지를 쓰지

입술 위엔 실링 왁스 너는 나만의 선악과

시간이 장난을 치면 이곳도 녹이 슬까
그래 목가적 낙원도 재해의 이상형일 테니

오래된 화소가 번지면 그땐 목성에 가자

10시간의 자전마다 옛 행성을 비웃으면
우린 서로의 중력이 될 거야

유로파는 질투하고 가니메데는 외면하겠지

걱정 마
벗어 던진 옷가지 위론 깃발을 세우자

서로의 이름이 되면
우린 어디서든 에덴이 될 거야

숲의 눈

구덩이를 파볼까
숲 가운데 가장 깊숙한 곳
그 속에 숨긴 것을 파헤칠까

구덩이를 파볼까
숲 가운데 가장 깊숙한 곳
내가 숨길 것을 파묻을까

구덩이를 파볼까
너를 이루고 있는 것 중 가장 단단하고 큰 것
그 사랑의 거죽을 파면 중심엔 어떤 마음이 있을까

구렁텅이를 만들까
내가 가장 끔찍해하던 것과
네가 가장 두려워하던 걸 섞어
나를 만들까

구렁텅이에 밀어 넣을까
내가 가장 용서하고 싶었던 것과
네가 가장 사랑하고 싶었던 것을 섞어
나를 만들까

싸라락
바람에 흔들리는 작은 캐스터네츠 중
한 그릇을 떼어내
오늘 죽을지 아닐지
점을 쳐볼까

죽는다, 하면 깨꼬닥 쓰러져
숲의 잔부가 되고
산다, 하면 주르르 기어가
너의 일부가 될까

싸라락
싸라락
내가 가장 미워하던 사랑을 닮았네

싸라락
싸라락
울지도 않고
우뚝 서있네

열매는 배꼽에

나무는 촘촘하게 일렁이고 나무는 투명한 표정이 있고 나무는 유연하게 끌어안고 나무는 쓰다듬으면 눈 감고 나무는 너보다 앞서 거대해진다
그게 네가 정의한 나무이다

무언가 죽은 자리에는 살았던 흔적과 죽었던 흔적이 함께 있다
네가 모르는 것에는 나의 대답이
네가 찾아와 앉은 자리에는 너보다 무거웠던 사람의 시큼한 체취

영혼이 마음속에서 시소를 탄다
나는 나보다 왜소한 영혼과만
쉽게 사랑에 빠지곤 했다

너의 머리는 합창 속에서 찾아낸 목소리처럼 가벼이 떠다니고
나무를 모른 채 태어난 아이들이
시선을 둘 곳만 찾아 눈을 껌뻑이고 있다
강풍에 고개를 가누지 못하는 숲처럼
켜졌다 꺼지면서

너는 무서울 때 누구를 앞세워 눈을 감을까
배가 고플 땐 어떤 음식을 떠올리며 침 삼키고
도무지 살기가 싫을 때는 어디로 부리나케 도망을?

주머니가 여러 개 달린 바지를 입은 것처럼 많은 것들을 챙기고도 붙잡을 손이 남아 있다면 좋겠어
너의 응석은 그런 식이다

둥그런 머리를 쓰다듬으면서
자라나라 자라나라
그러다 보면 진짜 무언가가 무리 지어 우리를 뚫어지게 내려다보고 있었다

초록빛 비늘과 지느러미가 무성한 것
그림자가 깍지 낀 손가락들처럼 우거진다

옆구리 사이사이로 쏟아지는 빛
빛에 배를 관통당하는 것이
오래전부터 고치지 못한 증상 같아서
우리는 말없이 눈을 감고 있었다

이건 처음이야
이건 처음이라고 하는 거야
다른 말로 사방이라고도 하고
세계의 성질이지
알게 된다면 숲도 네 안에 있을 거야

가르치고 배우지 않아도 울창해지는 가슴이 있다면 좋겠다
깊이 심호흡한다

우리의 숲

내가 찾는 숲은 말이야, 안달하는 것들이 있는 숲이야.

애정이라는 공기가 가득 차서 광대를 간질이는, 그래서 가끔은 질식할 것만 같은 그런.

그 애가 하는 말이 이해가 잘 안됐다. 모호하고 애가 탄다, 네가 하는 말은. 바다에서만 잠겨 죽을 수 있는 게 아니야. 응, 대신 숲은 나를 안아줄 수 있지. 말도 안 되는 소리를 길게 한다 싶을 수도 쉿. 안식으로 파란 바닷바람에 뒤처진 초록 혹은 주황 혹은 검정은 마음에서 파도 소리보다 더 크게 자랄지도 모른다. 길게 흐르는 것보다 높이 뻗기. 미움도 됐다 사랑도 됐다 하는 잎들을 꼭꼭 숨겨두기. 햇살이 보였다 비가 고였다 하는 계절의 냄새들을 꼭꼭 저장하기. 그게 우리의 숲이야.

포레스트 샤워

비밀 하나 말해봐도 될까
아직도 네가 숲에서 샤워를 하는지 궁금해서

빨강과 파랑, 어느 쪽으로든 밸브를 기울이면
머리에서부터 쏟아지는
잎과 잎의 가벼운 하이파이브

그런 소리를 들을 때마다 너와 새끼손가락을 엮고 약속
하고 싶어져 우리 자주 숲의 언어로 인사하자는

규칙적인 아침 세수처럼
나무와 나무
그사이에선 매일이 만남의 연속인데

무언가 이상하지 않니
한 번의 만남 이후로 엇갈려지는 사람들
누군가와 숨을 나눠 마신다는 말도 진부해

젖은 수건처럼 어깨에 스친 영혼 하나
털어내는 건 일도 아니라지만
깨진 비누 조각에 남은 허브향을 맡으면

왜 너와 손을 잡고 숲을 걷는 기분이 드는 건지

네가 흘리고 갔던 다정한 습기가 기억났어
쭉 짜내버린 치약같이
한 번 머무르고 떠난 발자국은 조금 아쉽거든

가벼운 산책을 하자 나의 숲에서
잘 모르는 사람과 걸음을 맞춘다는 건 꽤나 고상한 일이니까

이제는 물을 틀고 우리 함께 깊은 잠에 들 차례
세면대에 넘쳐흐르는 숲의 행렬들로
아침이 될 때까지 너와 잠수하고 싶다는 생각

떠나간 바람의 뒷모습을 잡는다는 건
숲에겐 여전히 어려운 일이겠지만

그래도 민지야
여전히 잘 지내고 있는 거지?

그런 물음에 네가 뒤돌아봐 줬으면 했어

침수는 침엽수림의 줄임말

잘은 기억나지 않지만 분명히
교실 안에 작별이 가득했던 그때
운동장에는 항상 선을 넘는 이야기
조퇴의 목적지는 너 말고 우리
손을 들고서 정한 규칙인데
왜 아무도 신경 쓰지 않는 걸까
눈을 감아도 움직이는 소리가 들린다
아직 이끼가 세계를 침략하기 이전에
너는 사랑이 여기 있는 거 같다며
어디에도 없는 깊은 숲으로 들어가
진흙 속을 마구 파헤치곤 했었다
그 모습을 지켜보는 것만으로
마음이 빈틈없이 첨벙거렸어
나쁜 일들은 비처럼 쏟아지는데
너라는 우산을 어디서 잃어버렸는지
나무 위로 도망쳐도 웅덩이가 고였어
신은 어째서 교실을 유리로 만들었을까
속이 뻔히 보이고 깨트리기도 쉽게
그런 건 너 하나만으로 충분한데
공기 방울처럼 피어오르는 의문들

가장 동그란 하나를 터뜨렸을 때
네 몸의 절반이 흙탕물이 되었다
너는 여전히 무언가를 찾고 있었고
미안해 그런 너를 응원할 수가 없었어
하지만 수업을 방해하고 싶지는 않아서
뒷문으로 조용히 나가려 했는데

오래된 꿈에서 투명하게 깨고 나니
흙 묻은 손바닥이 흠뻑 말라 있었다

마저 말하자면

웃을 일이 없어 웃지 못한 것뿐인데 자꾸 웃으라고 하네
억지로 끌어당긴 입꼬리가 바들바들 떨려
어쩌면 그것은 수년 동안 굳어버린 보조개 같은 것일지도 모르지
삶이 계획대로 흘러가지 않겠지만 계속 예상할 수밖에 없어
악몽을 꽉 움켜쥐고 도도하게 걸어가야 하지
숲 한 권을 다 외어서 내게 말해 줄 수 있겠니
개미는 덤불 속에서도 쉬지 않고 이야기를 중얼거려
심장박동처럼 가파른 억양으로 말이야
눕지도 앉지도 않으려고 커다란 바위를 거꾸로 매달아 놨어
빗자루로 시커먼 잠을 쓸어 담아 동굴 밖으로 버릴 뿐이지
새는 발톱이 가로로 넓게 자라면 하염없이 울더라
아마도 최선을 다해 울어 버리려는 것이겠지
깊게 들어가려고만 하지 말고 뒷모습을 봐봐
숲의 뒷모습은 그동안 저지른 모든 선택이 차곡차곡 모인 생명

그보다 더 빛나는 천국이 또 있을까
나의 숨통은 늘 불가능에 있지
이를테면 만발한 이끼에 묻은 어느 짐승의 상처나
잠들지 않는 사슴이 동쪽으로 향하는 일
또는 빵모자를 눌러쓴 산딸기 같은 것 말이야
마치 빼곡한 가지들 사이로 들어오는 정오 같아
좀 더 환한 전구로 바꾼 무드등 같기도 해
그래서 늘 완벽한 불가능을 이루려고 애를 쓰지
내가 얼마나 깊은 숲속에 사는지 알겠지?

너의 풍경화

  한낮의 매서운 햇빛을 피해 무성한 잎사귀 아래로 숨어든 네 얼굴에는
  모네의 그림마냥 얼룩덜룩 그림자가 녹색으로, 또 잿빛으로 덧칠되었어
  우리가 시간 가는 줄 모르고 나눈 이야기는 하릴없이 희석되었지만
  희한하게 그 붓터치가 선연해

  밤하늘을 까맣게만 칠하는 게 아님을 배운 그 밤 우리를 비추던 게
  잔가지가 곱게도 체 친 달빛이었는지, 흩뿌려진 별빛이었는지
  묻고 싶어서 다시 찾은 그 숲은 또 어둡기만 하더라고
  어쩌면 그 빛은 그저 반짝이던 네 개의 눈동자였나 봐

서울, 숲

지하철을 탈 때마다
초록으로 된 2호선을 보면
서울을 둘러싼 숲 같아

너의 그런 시선이 좋았어
영원히 순환하는
그 초록 안에 있을 땐
도착지가 없길 바랐다
종착역도 없으니 끝없이 뱅뱅 돌도록

이곳은 눈부시도록 밝고 축축해 알고 보면 어두울지도 몰라 빛 한 줄기 내리쬐지 않고 아직도 어지러이 길을 잃고 정체를 알 수 없는 소리로 가득한 곳에서 외로이 거닐어야 한다 가끔은 어둠을 헤칠 용기가 필요하고 빛을 찾을 수 있을지 장담할 수 없고 아무것도 상관이 없어 이런 죄책감과 이기적인 마음들 나를 버려두고 가지 말라는 외침 결국 나의 잔가지로 너에게 생채기를 낼 거야 내가 홀로 설 수 있도록 사실 나는 나였어 나는 나에 불과했다 나는 오롯이 나였다 사실 아름다운 건 언제나 한 걸음 밖에서

영원히 푸르른 여름 숲 속에 갇혀 버린 것만 같아

300년 후에 다시 만나

너를 다시 보고 싶어
벽돌 사이 피어난 잡초나
쉽게 잊힐 길가의 민들레가 아닌
제일 좋아할 푸르른 모습으로

미래에는 수명이 많이 늘어날 거래
그 내일의 집합에 기대어
오늘까지만 마음껏 울고
달라질 시간 개념에 맞춰 약속을 잡자

우리 300년 후에 다시 만나
네가 있는 곳으로 소나기를 보낼게
점잖은 빗줄기가 창문을 두드릴 때 날 찾아와

그동안 나는 반짝이는 물로 몸을 적시고
머리칼처럼 나뭇잎을 바람에 말리며
꽤 분주하고 설레는 채비를 할 거야

초록빛 무성한 내 모습에 놀라지 말고
늘 그랬듯 다 이야기해 줘

그때에 *다음*이란 말은 어느 정도의 시간인지
나이가 든 너는 여전히
그날의 눈빛 그대로인지

푸른 숲이 되어 기다릴게
다시 너를 만나는 날
분명 뜨거운 햇살에 상기된 얼굴
무성한 손으로 부채질해 줄 테니

오는 길 천천히 구경해도 돼
나는 약속 장소로 먼저 가 준비할게

숲으로 가자는 건 좋아한다는 뜻

숲으로 가자
우리 숲으로 가자
들숨이 날숨보다 다정한 곳은 그곳뿐이야
내뱉는 공기가 미안하지 않은 곳은 그곳뿐이야
이건 네 말버릇

네 들숨이 다정해지길 바라며 이 편지를 보내
서툰 표현들 그대로 고치지는 않고
두 번 생각하기에는 마음이 자꾸 줄어들어서

편지에는 좋아하는 구절을 적어 넣고
내 숨도 조금 불어 넣었어
내 조각을 떼어 줄 수는 없지만
마음껏 만질 수 있도록 내주고 싶어서
그래도 아깝지 않아서
쓴 사람은 없고 받은 사람만 빙빙 돌겠지만*
그렇게 미래를 주고받으며 우리는 영원을 살겠지

숲으로 와
내 품으로 와

들숨이 날숨만큼 다정한 곳은 이곳뿐이야
내뱉는 공기가 미안하지 않을 곳은 이곳뿐이야
이건 내 말버릇

네 들숨이 다정해지길 바라며
내 날숨을 보내

* 책 「사랑의 은어」 중 〈편지〉.

내 사랑은

빈집을 저기에 놔두고 돌아온 지 꽤 오래됐는데 돌연 나 사랑처럼 떨어지고
너의 날들 얼마나 아름다운지 나 끈덕지게 사랑해 보려다 차츰 잦아드는 8월의 연인들처럼
들리는 것은 온갖 주문들 내 손의 생김새를 받아 적는 사람들
삶은 그렇게 얄궂은데 우리 결코 사랑이 운명이었나

무정한 너와 표정들 내 웃음
걸으며 차츰 내 눈에 들어차는 나무와 가지런한 잎들 숲은 언제 연장되나
그늘로 너 오고 나는 음악을 듣는 척 네 뒤로 저무는 숲을 본다
어려운 단어들 네 입술에 열리고 나를 더듬는 손은 차다

땅에 구르는 사과를 잡고 으적으적
절리를 보며 나는 생의 끝을 보며
불완전하다고 나는 바다에 왔으며
콧잔등으로 너의 젖은 표피를 하나씩 얹으며
나는 바다 위로 숲을 세우는 상상을 한다

그저 점처럼 멀어질 뿐이었던 사람들일 텐데
내 이런 모습 우리 다 잊기로 하는 게 사랑인가

같이 있어 내 몸에 너무 많은 자기가 있을까
그걸 비밀로 해 어쩜 네 입을 전부 가리는 것이 사랑이라고 이 세상에는 많은 너 그리고 아침들이 있으니
애초에 정순한 마음 내 속에 없고 너의 숲 끝없이 저무는 저 끝 들에 있다고 너를 위해 세상 모든 숲을 벌목한다면
우리의 집 나머지가 불타고 묻힌 곳을 전부 파보았을 때 우리가 본 것을 서로한테 절대 얘기하지 말자고

수지살몬

마지막 이름을 부르기 전
여름이 오면 좋겠어서
흐르는 물을 거슬러 올라갔다

모난 바위를 조심해
내 뒤를 잘 따라와
밟았던 곳을 그대로

네가 달리기를 할 때 넘어졌다는 사실이 떠오르면
자꾸만 뒤를 돌아보게 되었다

잎들 사이로 들어오는 빛에
얼굴이 조각조각 나눠질 때
우리가 함께 있다는 걸 알아차릴 수 있었다

습하고 짙게 깔린 초록색 향기를
방에 가져다 두고 싶은 마음이
한가득

내가 사준 향수를 까만 돌멩이에 뿌려두더니

집에 있는 모든 것들이 북촌을 가르킨다
서울에는 아직 우리가 못 가본 곳이 많아서

빈 병을 꺼내 허공에 휘둘렀다
돌멩이에게 먹이를 주는
가녀린 팔동작을 상상하면서

돌아가면 씻지 않은 몸으로 침대에 누울 거다

여전히 방에는
연어들이 헤엄친다 이불이 뒤집힌 채

우리를 우리의 숲으로

텅 빈 방에서 우리는 숲을 썼다 숲에는 나무가 있어야지 풀도 있어야지 가장 깊은 곳으로 들어가야지 그러려면 강을 건너야지 뻔한 것들은 놔두고 우리의 숲을 써야지

우리의 숲에는 흰 방이 있고

흰 방 안에는 액자가 있고

액자 속에는 또 다른 숲이 있다

숲을 손에 쥐고 자리에서 일어날 때

네가 내 팔을 잡아끌자 나는 네 쪽으로 쓰러진다 와르르 무너지는 소리에도 너는 개의치 않고 말한다 숲에 색도 바람도 향기도 없다고 초록을 떠올리다 소나무의 향기가 코끝을 간질일 때 폐가 씻겨 내려간다 우리는 그저 까르륵 웃으며 종이를 넘겼다

우리의 손에 따라

흰 방이 허물어지고

그 옆에는 푸른 러그가 깔리고

산소는 바다에서 온다며

아주 오래전부터

초록은 우리 숨에 도움을 준 적이 없다는 거지

그런데도 난 초록에서 쉬는 숨만이 진짜라고 느껴졌어 숲의 가운데서 가쁜 숨을 들이쉬면 씁쓸한 풀 내음 다리에는 일어난 두드러기와 간지러운 마음과 붉은 뺨 흐르는 땀

우리가 우리의 숲을 떠날 때

무너진 흰 방의 잔해 근처로

자라난 풀 위를 쓸며

지나가는 바람

넌 우리가 쓴 숲은 전부 가짜라고 했다 하지만 괜찮다고 뻔한 것들로만 쓰인 우리의 숲에 뻔하지 않은 건 하나여도 좋다고 액자 속의 숲에 몇 개의 액자와 숲이 더 있어도 푸른 러그는 산소를 만들지 못해 숨이 막혀와도 우리가 흘린 땀이 눈물이었대도 꿈만 같아도

매그놀리아

저 멀리
목련인지 당신인지 모를 것들이 피어있음에 글을 쓴다

목련의 꽃말은 당신의 이름 고귀하고 고귀한

언젠가 내가 발목을 잃고 폐허에 표류했을 때 자신의 그림자로 생의 그늘을 만들어준 이가 살았지 다신 볼 수도, 안을 수도 없는 사람을 향한 선언 나는 나로 비롯된 모든 글이 결국 당신을 향한 편지이기를 바란 적도 있었다 그러나 이 글은 편지로 읽히지 못하고 시로 버려질 운명이다

목련과 이별과 셀 수 없는 잎사귀들 그리고 사랑의 언어를 앓기에 이 계절은 또 얼마나 찬란한지 우리의 나무는 잘 있는지 여전하던 것들은 과연 여전히 그대로인지

당신이 살아있다면 좋을 테지만 나는 여전히 당신의 숲 속에서 춤춘다

저 멀리, 목련인지 당신인지 모를 것들이 여전히 흐드러지면서
당신이 묻은 내 글을 지우면서

위그드라실

저기 먼 나라에서는 바오밥나무 밑둥을 도려내고 죽은 사람을 넣는다는 이야기

너를 심을 수 있다면 어느 숲이 좋을까 너라면 아주 울창해질 수 있을 것만 같다 숲의 마음인 듯 퍼져 있던 양분 모두 끌어와 가장 거대해질 나무 한 그루, 흰 팔과 단단하게 내린 뿌리가 맞닿는 순간, 나는 그 땅 위에 서 있을지 모른다 네가 해준 이야기를 단물 빠진 껌처럼 씹고 또 씹을 테고

너는 발음도 하기 어려운 신화 속 세계수 이야기를 해준 적 있다 우주를 지탱하며 세상의 온갖 것들을 연결하는 거대한 나무, 위그드라실, 각각의 세계들이 가지마다 매달려 있다고 하는, 너, 옅은 바람에 섞여 드는 네 이야기 들을 때면 세계수를 만져보는 느낌이었다 어떤, 거대한, 나의 것일지도 모르는, 그 세계를, 지탱하는 아주 거대한……

너를 언제 심어두었는지 모를 나무라고 할 수 있을까

만약 수백 그루의 마음으로 무성한 나의 심장을 숲이라고 부를 수 있다면 나이테처럼 겹겹이 우거진 가슴에 대해 말할 수 있다면 가장 안쪽에 뿌리내린 너를 세계수라고 부르고 싶다 나의 숲속에 살던 나무들은 너의 흔적 아래 시시해지고 햇볕은 자꾸만 자꾸만 너의 방향으로만 기울어진다 네 손끝에 매달린 나의 세계, 언젠가 그 수명이 다하는 날에

 네가 두 눈 감게 된다면
 세상에서 가장 굵직한 나무 아래 너를 숨겨두고 싶다
 거대한 숲이 요람처럼 너를 끌어안고,

화양연화

빽빽하게 들어찬 나무들 사이에
발치에 흙을 밟으며 여전히 넌 이곳을 미로라 생각하려나
여긴 손을 잡고 걸으면 낙원이 될 수 있어
영겁의 시간 동안 이 자리에 있을 것만 같은 저 높은 나무도
세상이 끝나는 날까지 널 가둬두지 못해 영원히 이곳을 지키진 못해
그러니 우리 움푹 팬 틈 사이로 숨을 쉬자
숲이라는 한 단어에 새겨진 무한한 의미들 기억들

넌 숲이 무서울까
넌 숲이 아직 무서울까
닿을 수 없는 시간 속 너에게 여전히 난 전해
빠져나오려 노력하지 않아도 숲은 뱉어내듯
자연스레 놓아줄 거야 자유를 줄 거야
세상에 소리가 사라진 듯 조용한 그곳에 갇혀
숨이 멎을 듯 울던 너를 그리고 나를
점차 귓가에 소리가 울려오면
다시 그곳을 찾자

나이테를 세어 보며 새겨진 의미를 바꾸자
나무껍질을 만지며 기억을 덮자
가시가 박혀도 아름다울 테니
그 낙원 속 기억은 영겁의 시간이 지나도
잊히지 않을 테니

자작나무 숲

기울어진 것들을 사랑하는 습관이 있다

세 살 버릇은 여든까지 간다지 평생 이 습관을 품고 살 자신이 없어 습관을 죽이기로 한다
너를 사랑하는 나를 죽여야만 한다

너는 기울어진 것들을 보면 슬퍼진다고 한다
독감처럼 앓는다고 한다 미열은 떨어지지 않고 손발이 저린다고 물 한 모금 삼키지도 못하고 그렇게 슬퍼한다고

이 세상에는 너를 슬프게 만드는 것들이 너무 많다
나를 포함해서

나는 너의 유구한 슬픔이 되고 싶다는 생각과 너의 슬픔에 종말을 고하고 싶다는 생각에 잠기면서 걷는다 맨발로 걷는다 함께 걷는 너는 무슨 생각을 하고 있는지 알 수 없지만

자작나무는 불에 탈 때 자작자작 소리가 난대
그건 비명이었을까 울음이었을까

자작나무 숲을 걸으면 초여름에도 겨울 중턱을 지나는 기분이다 하얀 수피를 보면서 폭설을 떠올린다 우리는 폭설 속을 맨발로 걷고 있다 초여름의 폭설

이곳에서 너의 슬픔은 반감된다 *자작자작* 소리를 내면서

너를 사랑하는 나는 너의 슬픔을 영에 수렴시키고 싶지만
여든까지만 습관의 살해를 유예하기로 한다 감히 영원을 바랄 수는 없다

너는 자작나무의 수피를 벗긴다 마치 내 피부를 벗기는 것처럼

자작나무를 사랑할 수는 없다 나는 *자작자작* 소리를 내면서 너의 걸음을 유예시키고 싶지만
내 걸음보다 이르게
숲이 끝나고

너의 슬픔은 영에 가까워진다

아직은 작은 숲이지만

한 켠을 내어 웅크린 잎을 틔워낸 가장 처음의 초록,
 그 한 잎으로 시작해 나도 무성히 줄기를 뻗어내는 네가
되고 싶어 그러기엔 아직은 작은 숲이지만

 손과 손가락 사이로 어엿이 자라난 나무들과
 눈동자가 맞닿을 때마다 피워낸 꽃망울을
 얼기설기 엮은 무지개,
 그리고 우리 앉아 쉴 수 있는 낮은 밑동들
 서로 가득히 끌어안은 틈 없이 빼곡 내린 뿌리들도
 모두 너만을 위한 마음으로
 내 사랑의 문장들을
 나의 언어는 전부 네 것이므로

 언제나처럼 네 시선 뒤에 있는 사랑을 꿈꿔

 생각할 겨를도 없이 나를 안아주는 온기로
 별을 가둔 눈을 하고는 나를 보는 그 뜨거움을
 그 속에서 손을 잡고 모두 녹아버릴래

 자주 큰 숨을 내쉬면서
 숨을 참고 눈을 감아도 무섭지 않은 곳으로

기어코 수풀이 우거진 가장 깊으로 곳으로 향하며
이왕이면 아무도 우리를 찾을 수 없기를 바라면서

원하는 대로 결국 우리는 길을 잃고 말 거야

하지만 어느 곳에 있더라도 빛이 그림자를 끌어안는 곳으로
또한 영원히 미로에 갇히기를 바라는 마음으로

이따금 알 수 없는 말을 하면서 역시나 알 수 없는 길을 걷자 자주 헤매며 앓을 수 없는 내일을 꿈꾸자

그래 함께 내일의 꿈을 꾸자 확실한 초록색으로 번져가는 숲 그보다 더 선명한 행복은 없어

풋숲

*숲에는 가우디의 스승이 산다고
새순과 가지 사이의 간극을 가만히 눈동자 안에 담으면
숨겨진 신의 설계도가 비치는 듯도 한데
그것을 읽어내지 못해 여태 이렇게 사나*

곧 여름이니까 울창해라

너는 그런 인사를 곧잘 했다 사람에게 건네는 인사치고 거창하다고 생각했다 널찍한 통창 방향으로 앉아 한동안 울창해지는 것에 대하여 생각했다

나는 그런 인사를 들어본 적이 없다
그것이 눈앞에 살랑이는 잎사귀들처럼
오래도록 날 울렁이게 했다

그 인사처럼 몸집을 불리며 여름을 나고 싶었다 울창해지고 싶어 한참 울음이 났던 적도 있다 그렇게까지 살아보고 싶던 적이 없다

  내가 숲만큼이나 자랄 수 있을 것만 같아 두 다리가 간지러웠던 적이 있다 어깨 사이로 자그마한 가지가 자라고 손끝으로 잎사귀가 돋아나는 꿈을 꾼 적이 있다

그 안에서 우리는 오월 한 가운데 마냥 찬란해질 준비를 하던 나무였다 내가 아끼는 것들을 한데 모아 숲을 꾸리고 있었다 아주 서늘하고 선하기만 한 넓은 그늘을 가지게 되었고 머뭇거리지 않고 통직하게 자라났다 하늘에 한껏 가까워지고 땅 깊숙이 뿌리를 내리고 지루해질 틈이 없도록 살아내는 내가 있었다

정말로 숲 한가운데 누워서 한참을 기다리면 나도 찬란해질 것이라고 믿었다 거대해질 수 있다고 믿었다 비에 젖으면 짙어지는 향기를 갖게 될 거라고 끝도 없이 빼곡해질 거라고 단단해질 거라고
그렇게 될 거라고 더 이상 어리고 모르지 않을 거라고

그렇게 생각했던 적도 있었다
이제 나는 안다
나에게 가장 어울리는 것을

거대한 숲을 뒤집으면
풋
작고 이른 웃음소리가 되지
미숙해서 아름다운 것이 되지

낭만사랑북극키스

목이 부러질 수 있다는 것을 알면서도,
하늘을 우러러볼 때야
수중樹中 한 가운데 서 있다는 것을 알았어
무색의 마음을 외면한 채
까만 눈동자를 마주할 때
이 이야기는 시작되는 거야

서로가 탐했던,
당신의 섬세한 귀와 나의 치밀한 눈이 수호하는 씨앗을
무릎 접어 앉아 깊은 뿌리 얽힘을 피해 새기는 씨앗은
방황하겠지 최초에 이탈되었으니
같은 것을 보고 자라 다른 것을 사랑하겠지

기우제를 지낼까, 어설픈 춤과 노래를 곁들여서 말이야

됐어, 이제 남은 일은, 때를 기다리는 거야, 권태롭게, 유한 말로, 느긋하게. 남들 사는 풍경을 구경하러 나갈까. 잡은 손 놓지 말자, 언제 육체에서 빠져나갈지 모르니까, 우리는 아낌없는 천국 속에 살았고, 불가해한 지옥으로 떨어질 텐데 무얼 걱정해, 그래, 혹시 모르니까, 꼭 붙잡고 있자, 그래, 이렇게, 내려가는 길에 10rp 7/12와 5p 7/6 빛의 노을을 마주하면 어쩌지, 초조한 마음에 젖어가는 손바닥이 부끄러워 맞잡은 손을 놓고 싶어질 때면?

   그땐 분홍 튤립의 꽃말을 기억해, 말라가는 데이지의 잎사귀를 생각해

   너와 나, 둘만 아는 주문을 만들고
   예를 들면, *낭만 사랑 북극 키스. 낭만 사랑 북극 키스.*
   우리는 하나지만 둘이니까, 두 개의 음으로, 두 번 말하겠지만
   완벽히 공명해야 해
   입술 모양에 집중해

   스탠바이, 큐

파도시집선 016

숲

초판 1쇄 발행 2024년 6월 21일 하지
　　　3쇄 발행 2025년 6월 30일

지 은 이　| 권유영 외 50명
펴 낸 곳　| 파도
편　　 집　| 길보배
등록번호　| 제 2020-000013호
주　　 소　| 서울특별시 용산구 서빙고로73길 35-20
전자우편　| seeyoursea@naver.com
I S B N　| 979-11-93627-02-0 (03810)

값 10,000원

ⓒ 파도, 2024. Printed in seoul, korea.

* 이 책의 판권은 지은이와 파도에게 있습니다. 양측의 서면 동의 없는 무단 전재 및 복제를 금합니다.
* 맞춤법과 띄어쓰기는 원본에서 기인하였습니다.
* 파도시집선 참여 작가들의 인세는 매년 기부됩니다.